PUBLICATIONS RÉPUBLICAINES
33, rue Thomassin, Lyon.

LA DÉCLARATION

DES

DROITS DE L'HOMME

ET DU CITOYEN

AVEC

Les Considérants de l'Assemblée Nationale

1789

Et de la Convention Nationale

1793

Première édition

PRIX : **20** CENTIMES

LYON

EN VENTE CHEZ TOUS LES LIBRAIRES

DÉPÔT GÉNÉRAL

33, rue Thomassin, 33

1880

LA DÉCLARATION

DES

DROITS DE L'HOMME

ET DU CITOYEN

AVEC

Les Considérants de l'Assemblée Nationale

1789

Et de la Convention Nationale

1793

Première édition

LYON

EN VENTE CHEZ TOUS LES LIBRAIRES

DÉPÔT GÉNÉRAL

33, rue Thomassin, 33

1880

1301. — Imp. A. Valtener et Cie. Lyon.

CONSIDÉRANTS

précédant et suivant

LA DÉCLARATION DES DROITS DE L'HOMME

ET DU CITOYEN

Décrétée par l'Assemblée Nationale de 1789

LES Représentants du peuple français, constitués en Assemblée Nationale, considérant que l'ignorance, l'oubli ou le mépris des droits de l'homme sont les seules causes des malheurs publics et de la corruption des gouvernements, ont résolu d'exposer dans une déclaration solennelle les droits naturels, inaliénables et sacrés de l'homme, afin que cette déclaration, constamment présente à tous les membres du corps social, leur rappelle sans cesse leurs droits et leurs devoirs; afin que les actes du pouvoir législatif et ceux du pouvoir exécutif, pouvant être à chaque instant comparés avec le but de toute institution politique, en soient plus respectés; afin que les réclamations des citoyens, fondées désormais sur des principes simples et incontestables, tournent toujours au maintien de la Constitution et au bonheur de tous.

L'Assemblée Nationale, voulant établir la Constitution française sur les principes qu'elle vient de reconnaître et de déclarer, abolit irrévocablement les institutions qui blessaient la liberté et l'égalité des droits.

Il n'y a plus ni noblesse, ni pairie, ni distinctions héréditaires, ni distinctions d'ordre, ni régime féodal, ni justice patrimoniale, ni aucun des titres, dénominations et prérogatives qui en dérivaient, ni aucun ordre de chevalerie, ni aucune des corporations ou décorations pour lesquelles on exigeait des preuves de noblesse, ou qui supposaient des distinctions de naissance, ni aucune autre supériorité que celle des fonctionnaires publics dans l'exercice de leurs fonctions.

Il n'y a plus ni vénalité, ni hérédité d'aucun office public.

Il n'y a plus pour aucune partie de la Nation ni pour aucun individu, aucun privilège ni exception au droit commun de tous les Français.

Il n'y a plus ni jurandes, ni corporations de professions, arts et métiers.

La loi ne connaît plus ni vœux religieux ni aucun autre engagement qui serait contraire aux droits naturels ou à la Constitution.

DÉCLARATION

DES

DROITS DE L'HOMME & DU CITOYEN

Depuis la Constitution de 1793

L E peuple français, convaincu que l'oubli, le mépris des droits naturels de l'homme, sont les seules causes des malheurs du monde, a résolu d'exposer dans une déclaration solennelle ces droits sacrés et inaliénables, afin que tous les citoyens, pouvant comparer sans cesse les actes du gouvernement avec le but de toute institution sociale, ne se laissent jamais opprimer et avilir par la tyrannie; afin que le peuple ait toujours devant les yeux les bases de sa liberté et de son bonheur; le magistrat, la règle de ses devoirs; le législateur, l'objet de sa mission.

En conséquence, il proclame, en présence de l'Etre Suprême, la déclaration suivante des droits de l'homme et du citoyen :

I

Le but de la société est le bonheur commun. Le gouvernement est institué pour garantir à l'homme la jouissance de ses droits naturels et imprescriptibles.

II

Ces droits sont l'égalité, la liberté, la sûreté, la propriété.

III

Tous les hommes sont égaux par la nature et devant la loi.

IV

La loi est l'expression libre et solennelle de la volonté générale ; elle est la même pour tous, soit qu'elle protège, soit qu'elle punisse ; elle ne peut ordonner que ce qui est juste et utile à la société : elle ne peut défendre que ce qui lui est nuisible.

V

Tous les citoyens sont également admissibles aux emplois publics. Les peuples libres ne connaissent d'autres motifs de préférence dans leurs élections que les vertus et les talents.

VI

La liberté est le pouvoir qui appartient à l'homme de faire tout ce qui ne nuit pas aux droits d'autrui : elle a pour principe la nature, pour règle la justice, pour sauvegarde la loi ; sa limite morale est dans cette maxime :

Ne fais pas à un autre ce que tu ne veux pas qu'il te soit fait.

VII

Le droit de manifester sa pensée et ses opinions, soit par la voie de la presse, soit de toute autre manière, le droit de s'assembler paisiblement, le libre exercice des cultes, ne peuvent être interdits.

La nécessité d'énoncer ces droits suppose ou la présence ou le souvenir récent du despotisme.

VIII

La sûreté consiste dans la protection accordée par la société à chacun de ses membres pour la conservation de sa personne, de ses droits et de ses propriétés.

IX

La loi doit protéger la liberté publique et individuelle contre l'oppression de ceux qui gouvernent.

X

Nul ne doit être accusé, arrêté ni détenu que dans les cas déterminés par la loi et selon les formes qu'elle a prescrites ; tout citoyen appelé ou saisi par l'autorité de la loi doit obéir à l'instant ; il se rend coupable par la résistance.

XI

Tout acte exercé contre un homme hors des cas et sans les formes que la loi détermine est arbitraire et tyrannique ; celui contre lequel on voudrait l'exécuter par la violence a le droit de le repousser par la force.

XII

Ceux qui solliciteraient, expédiraient, signeraient, exécuteraient ou feraient exécuter des actes arbitraires sont coupables et doivent être punis.

XIII

Tout homme étant présumé innocent jusqu'à ce qu'il ait été déclaré coupable, s'il est jugé indispensable de l'arrêter, toute rigueur qui ne serait pas nécessaire pour s'assurer de sa personne doit être sévèrement réprimée par la loi.

XIV

Nul ne doit être jugé et puni qu'après avoir été

ntendu ou légalement appelé, et qu'en vertu d'une
oi promulguée antérieurement au délit; la loi qui
unirait des délits commis avant qu'elle existât se-
ait une tyrannie; l'effet rétroactif donné à la loi
erait un crime.

XV

La loi ne doit décerner que des peines stricte-
ment et évidemment nécessaires; les peines doi-
ent être proportionnées au délit et utiles à la
ociété.

XVI

Le droit de propriété est celui qui appartient à tout
citoyen de jouir et de disposer à son gré de ses
biens, de ses revenus, du fruit de son travail et de
son industrie.

XVII

Nul genre de travail, de culture, de commerce,
ne peut être interdit à l'industrie des citoyens.

XVIII

Tout homme peut engager ses services, son
temps; mais il ne peut se vendre ni être vendu. Sa
personne n'est pas une propriété aliénable. La loi
ne reconnaît point de domesticité; il ne peut exister qu'un engagement de soins et de reconnaissance
entre l'homme qui travaille et celui qui l'emploie.

XIX

Nul ne peut être privé de la moindre portion de
sa propriété sans son consentement, si ce n'est
lorsque la nécessité publique légalement constatée
l'exige, et sous la condition d'une juste et préalable
indemnité.

XX

Nulle contribution ne peut être établie que pour
l'utilité générale. Tous les citoyens ont droit
de concourir à l'établissement des contributions,
d'en surveiller l'emploi et de s'en faire rendre
compte.

XXI

Les secours publics sont une dette sacrée. La
société doit la subsistance aux citoyens malheureux,
soit en leur procurant du travail, soit en assurant
les moyens d'exister à ceux qui sont hors d'état de
travailler.

XXII

L'instruction est le besoin de tous, la société doit
favoriser de tout son pouvoir les progrès de la rai-
son publique, et mettre l'instruction à la portée de
tous les citoyens.

XXIII

La garantie sociale consiste dans l'action de tous

pour assurer à chacun la jouissance et la conservation de ses droits ; cette garantie repose sur la
souveraineté nationale.

XXIV

Elle ne peut exister si les limites des fonctions
publiques ne sont pas clairement déterminées par
la loi, et si la responsabilité de tous les fonctionnaires n'est pas assurée.

XXV

La souveraineté réside dans le peuple. Elle est
une et indivisible, imprescriptible et inaliénable.

XXVI

Aucune portion du peuple ne peut exercer la
puissance du peuple entier ; mais chaque section
du souverain assemblée doit jouir du droit d'expri-
mer sa volonté avec une entière liberté.

XXVII

Que tout individu qui usurperait la souveraineté
soit à l'instant mis à mort par les hommes libres.

XXVIII

Un peuple a toujours le droit de revoir, de réformer et de changer sa constitution. Une génération ne peut assujettir à ses lois les générations futures.

XXIX

Chaque citoyen a un droit égal de concourir à la formation de la loi et à la nomination de sés mandataires ou de sés agents.

XXX

Les fonctions publiques sont essentiellement temporaires; elles ne peuvent être considérées comme des distinctions ni comme des récompenses, mais comme des devoirs.

XXXI

Les délits des mandataires du peuple et de ses agents ne doivent jamais être impunis. Nul n'a le droit de se prétendre plus inviolable que les autres citoyens.

XXXII

Le droit de présenter des pétitions aux dépositaires de l'autorité publique ne peut en aucun cas être interdit, suspendu ni limité.

XXXIII

La résistance à l'oppression est la conséquence des autres droits de l'homme.

XXXIV

Il y a oppression contre le corps social, lorsqu'un seul de ses membres est opprimé. Il y a oppression contre chaque membre, lorsque le corps social est opprimé.

XXXV

Quand le gouvernement viole les droits du peuple, l'insurrection est pour le peuple et pour chaque portion du peuple le plus sacré des droits et le plus indispensable des devoirs.

Signé : COLLOT-D'HERBOIS, *président ;* DURAND-MAILLANE, DUCOS, MÉAULLE, CH. DELACROIX, GOSSUIN, P. A. LALOY, *secrétaires.*

LE BON SENS

DU CURÉ

JEAN MESLIE

SUIVI DES EXTRAITS DU

TESTAMENT D'UN PRÊTRE

par

VOLTAIRE

1733

Édition spéciale et complète imprimée avec luxe sur papier vergé teii
en caractères elzévirs
avec fleurons et têtes de chapitre ; deux gravures hors texte

LE VOLUME **4** FRANCS

1880

DÉPÔT GÉNÉRAL

PUBLICATIONS RÉPUBLICAINES

Lyon, 33, rue Thomassin, 33, Lyon